Copyright © 2023 by Jennifer Fencl
Maria Lanzendorf, Österreich
Hersteller: Amazon KDP
ISBN: 978-3-9519980-0-8

MILOS MISSION
RETTET DIE WELTMEERE

geschrieben und illustriert von
Jenna Fei

Die Sonne, die durch die Luke seines Korallenbettes glitzerte, kitzelte Milos kleine Flosse.
Aus einem abenteuerlichen Traum erwachend, rieb sich der kleine Fahnenbarsch den Schlaf aus den Augen. Dass das größte aller Abenteuer noch vor ihm lag, konnte Milo noch nicht ahnen.

Milo war bei den anderen Fischen für seine Tollpatschigkeit bekannt. So kam es nicht überraschend, dass er sich auch diesen Morgen in seiner Seetangdecke verfing, die in einem der Korallenarme hängen blieb. „Cory, Cory, wo bist du Cory?", schrie der kleine Fisch. Schon kam sein Schwesterchen angeschwommen, um ihn wie fast jeden Morgen aus seiner misslichen Lage zu befreien.
„Du bist die Beste, Cory!", sagte Milo. „Ich weiß!", erwiderte diese schmunzelnd.

„Wo sind denn all die anderen?", fragte Milo. „Habe ich etwa verschlafen und sie sind bereits ohne uns losgeschwommen? Ich hoffe, sie nehmen uns etwas Plankton mit. Ich bin am Verhungern."

„Nein, nein Milo" antwortete Cory besorgt. „Sie liegen alle noch mit schmerzenden Bäuchlein in ihren Bettchen."

„Oh nein, was ist denn passiert? Haben sie sich die Bäuche etwa gestern zu vollgeschlagen?", fragte Milo beunruhigt. „Das habe ich sie auch gefragt. Daran liegt es wohl nicht", antwortete Cory. „Es ist mir ein Rätsel."

„Keine Sorge, Cory. Ich weiß, was wir tun können. Frau Doktor Delfin kennt bestimmt eine Lösung", entgegnete Milo hoffnungsvoll. „Bleib hier und gib auf Mama, Papa, unsere Geschwister und Freunde acht. Ich schwimme sofort los und frage Frau Doktor Delfin um Rat."
Und so machte sich der kleine mutige Fisch auf die Reise durch den großen blauen Ozean.

Milo schwamm so schnell er konnte. Auch er wurde schon einmal von stechenden Bauchkrämpfen geplagt. Er wusste daher sehr gut, wie sich das anfühlt. Es lag nun an ihm, seiner Familie zu helfen. Er wollte daher keine Minute länger unterwegs sein als unbedingt nötig.

Aber was war das für ein Geräusch? Rief da etwa jemand? Milo wusste, dass die Zeit drängte, aber sein mitfühlendes kleines Fischherz ließ einfach nicht zu, dass er das Rufen ignorierte. Er folgte den Klängen. „Haaaalloooooo, Haaaaallooooooo, Hallo, Hallo, Halloooooooo" hörte er die Laute, die fast melodisch klangen, immer näher kommen.

Und da war er. Ein mächtiger Blauwal, viel größer als alle, die er je zuvor gesehen hatte, erschien vor dem kleinen bunten Fisch.
„Wer bist denn du?", fragte der Wal.
„Ich bin Milo und bin auf dem Weg zu Frau Doktor Delfin. Ich muss Hilfe für meine Familie holen."
„Oh, wirklich? Das ist ja höchst interessant. Hättest du kleines Fischlein auch die Güte, Hilfe für mich, Wilhelm Wal, zu organisieren? Ich würde dich ja darum bitten, mich von diesem Seil zu befreien, das sich um meine Flosse gewickelt hat, doch scheint es mir, als wärst du dafür viel zu klein."

Milo blickte am Körper des Blauwales entlang. Und ja, da war es. Ein dickes Plastikseil hatte sich um die Schwanzflosse des Meeresriesen gelegt. Als er dieses genauer prüfte, entdeckte er auch einen gewaltigen Anker, der wohl größer war als das Korallenriff seiner gesamten Familie.

Da kam Milo die rettende Idee: „Wir müssen eine Stelle finden, die etwas seichter ist. Folgen Sie mir, Herr Wilhelm Wal." Und so schwammen die beiden, bis sie einen geeigneten Platz fanden.

Der Anker sank langsam auf den Meeresgrund. Das Seil war nun nicht mehr gespannt und Milo konnte es dem riesigen Blauwal ganz einfach von der Schwanzflosse streifen.
Wilhelm Wal war erleichtert und auch etwas überrascht: „Das hast du prima gemacht, kleiner Fisch. Was dir an Muskeln fehlt, machst du mit deinem flinken Verstand wieder wett."

Milo war so glücklich, dem Riesen geholfen zu haben. Jetzt musste er aber schleunigst weiter. Der Wal bedankte sich noch einmal und schwamm sodann auch schon singend weiter.

Milo raste durch die Strömungen. Die Hälfte des Weges hatte er schon hinter sich gebracht, als er ein verzweifeltes Jammern vernahm: „Oh weh, oh weh, was soll ich nur tun? Ich muss noch heute meine Eier legen. Wo soll ich denn jetzt nur hin?" Milo schwamm etwas näher und entdeckte einen kleinen Clownfisch neben einer verkümmerten Anemone.

„Hallo, kann ich Ihnen helfen? Warum weinen Sie denn?", fragte Milo mitfühlend. „Mein Brutplatz ist vollkommen zerstört. Ich wollte mich gerade zurückziehen, um meine Eier zu legen, als ich diese Katastrophe hier sah. Mein Name ist Mama Clown. Kennst du vielleicht einen passenden Ort, zu dem ich noch heute schwimmen kann?"

Milo wusste genau, was hier passiert war. Es war gar nicht lange her, als auch er mitsamt seiner Familie umziehen musste. René Rochen erklärte ihnen damals, dass der Plastikmüll der Menschen für die Zerstörung ihres Zuhauses verantwortlich sei. Er hatte diese eigenartigen Geschöpfe, die über der Wasseroberfläche leben, zwar noch nie zu Gesicht bekommen, aber ihren Müll fand man einfach überall.

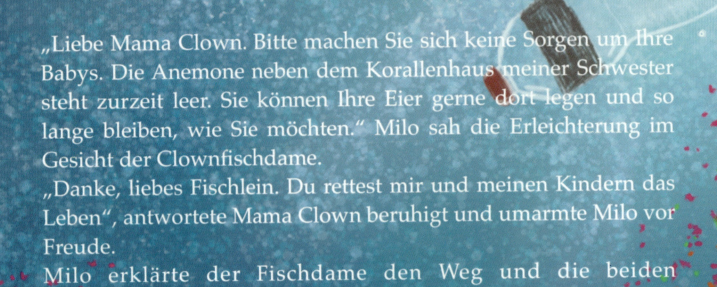

„Liebe Mama Clown. Bitte machen Sie sich keine Sorgen um Ihre Babys. Die Anemone neben dem Korallenhaus meiner Schwester steht zurzeit leer. Sie können Ihre Eier gerne dort legen und so lange bleiben, wie Sie möchten." Milo sah die Erleichterung im Gesicht der Clownfischdame.

„Danke, liebes Fischlein. Du rettest mir und meinen Kindern das Leben", antwortete Mama Clown beruhigt und umarmte Milo vor Freude.

Milo erklärte der Fischdame den Weg und die beiden verabschiedeten sich.

„Nun ist es aber höchste Zeit, dass ich bei Frau Doktor Delfin ankomme", seufzte Milo. Er hatte sein Ziel schon fast erreicht, als er ein graues, pelziges Etwas am Meeresgrund entdeckte. Er schwamm näher, als er erkannte, dass es sich um eine kleine Robbe handelte, die verzweifelt versuchte, sich aus einem Plastikring zu befreien. „Hallo, ich bin Milo. Kann ich dir helfen?"

„Hallo, Milo, mein Name ist Romy. Ich war wohl zu neugierig und habe mich dabei in diesem Ring verheddert. Ich bin bereits seit einiger Zeit hier gefangen, muss aber bald wieder an die Oberfläche, um zu atmen." „Keine Sorge, Romy, das haben wir gleich." Milo wusste noch nicht, wie er die kleine Robbe befreien sollte, wollte sie aber nicht noch weiter beunruhigen. Doch dann sah er etwas am Meeresgrund blitzen. „Aha, damit sollte es funktionieren!" Milo hob einen spitzen Stein auf, den er zwischen Romys Fell und den Plastikring schob. Er rieb nun so lange am Plastik hin und her, bis dieses riss.

Romy seufzte erleichtert: „Puh, das ging ja noch mal gut." Ihre Stimme war kaum noch zu hören, als sie an die Wasseroberfläche zischte und Milo zurief: „Danke, liebes Fischlein. Ich hoffe, wir sehen uns bald wieder." „Mach's gut, Romy Robbe" rief ihr Milo nach und setze seine Reise sogleich fort.

Milo traf nun endlich in Frau Doktor Delfins Fischpraxis ein. „Frau Doktor, Frau Doktor" rief Milo aufgeregt, „ich brauche dringend Ihre Hilfe!" „Was ist denn geschehen, kleiner Fisch?", fragte Frau Doktor Delfin. Milos Gesichtsausdruck trübte sich erneut: „Meine gesamte Familie hat schreckliche Bauchschmerzen. Können Sie uns helfen?" „Haben sie denn in den letzten Tagen irgendetwas Ungewöhnliches gegessen?", fragte Frau Doktor Delfin. „Nein, wir essen immer nur Plankton. Das essen wir sowieso am liebsten", antwortete Milo.

Frau Doktor Delfin rümpfte die Nase: „Dann bin ich mir vollkommen sicher. Ein weiterer Fall von Mikroplastikverzehr. Es ist eine Schande. Diese kleinen listigen Teilchen sind einfach überall. Durch eine dünne Schicht Algen, die sich auf den Partikeln bildet, riechen diese Stückchen einfach zu verführerisch für euch kleine Fischlein und sind von Plankton nicht mehr zu unterscheiden. Diese Menschen vermüllen unseren Lebensraum seit Jahrzehnten. Schon mein Vater, der alte Herr Doktor, konnte ein Lied davon singen. Tag für Tag wird es nun schlimmer. Leider muss ich dir sagen, dass ich kein Heilmittel für diese Art Leiden habe. Das Einzige, was wir tun können, ist abwarten. In ein paar Tagen, nach einer strengen Diät und viel Flüssigkeitseinnahme, wird es deiner Familie wieder viel besser gehen."

Milo war entsetzt. Es erleichterte ihn zwar, dass Frau Doktor Delfin bestätigte, dass es seiner Familie bald wieder besser ginge, doch konnte er einfach nicht akzeptieren, dass es anderen Fischen genauso ergehen würde, wenn sie aus Versehen Plastik verspeisten.

„Wir müssen etwas unternehmen" rief Milo. „So kann es einfach nicht weitergehen!" Der tollpatschige Fisch erkannte sich selbst nicht mehr wieder. Noch nie fühlte er sich stärker als in diesem Moment: „Ich weiß, wir haben einen Schweigeeid geleistet, der es uns untersagt, mit Menschen zu sprechen, doch wenn wir jetzt nicht handeln, könnte es bald zu spät sein. Wir müssen diese Landwesen auf ihr Fehlverhalten aufmerksam machen. Folgt mir und sagt es allen Fischen, Haien, Robben, Delfinen, Walen und Quallen. Erzählt allen von unserem Plan." Die Meeresbewohner in Doktor Delfins Praxis stimmten Milo jubelnd zu. Sie alle wussten, dass sich etwas ändern musste. Und so machten sie sich alle auf den Weg, um die Botschaft zu verbreiten.

Auch Milo schwamm los und erzählte es jedem Fisch, jedem Oktopus und jeder Krabbe, an der er vorbeikam. Sie alle berichteten von ihren Erfahrungen, die sie aufgrund der Mülldeponien der Menschen bereits machen mussten. Sie alle versicherten ihm, ihr Schweigen zu brechen und jeden Menschen, den sie treffen, auf ihr Leid aufmerksam zu machen.

In der Ferne sah Milo den Rumpf eines Bootes. Der kleine Fisch nahm all seinen Mut zusammen und schwamm vorsichtig näher. Er wusste, er würde es nicht lange außerhalb des Wassers aushalten, doch die Liebe zu seiner Familie gab ihm Kraft. Entschlossen sprang er hoch in die Lüfte und landete etwas ungeschickt auf der anderen Seite des Bootes wieder im Wasser. „Noch einmal. Nur nicht aufgeben", dachte der kleine mutige Fisch und wiederholte seinen Sprung.

Dieses Mal klappte es und er landete geradewegs im Boot, wo er von den großen Augen eines verwunderten Menschen angestarrt wurde. Genauer gesagt, handelte es sich um einen Jungen, doch da es der erste Mensch war, den Milo jemals gesehen hatte, konnte er das natürlich nicht wissen.

Der Junge kam näher, um den kleinen Fisch zu betrachten: „Hallo, kleiner Freund. Was machst du denn hier? Ich werde dich besser wieder zurück ins Meer werfen." Milo war erstaunt. Er dachte immer, diese Menschen seien furchteinflößend, doch dieser hier schien mitfühlend und nett zu sein.

Der Junge war gerade dabei, ihn wieder ins Wasser zu befördern, als Milo sein Schweigen brach: „Warte!" Der Junge erschrak: „Hast du gerade gesprochen? Wie kann das sein?"

„Mein Name ist Milo und ich bin hier, um dir von den schrecklichen Taten der Menschen zu erzählen." Der Junge konnte es noch immer nicht fassen.

Mit offenem Mund starrte er den kleinen Fisch an. „Wale verfangen sich in euren Fischernetzen und euren Seilen, Clownfische verlieren ihren Laichplatz aufgrund von Bakterien, die sich durch Plastikteilchen in den Korallenriffen ausbreiten und diesen wertvollen Lebensraum dadurch zerstören. Robben geht die Luft aus, während sie versuchen, sich von euren Plastikringen zu befreien und Fahnenbarsche verwechseln euer Mikroplastik mit Nahrung. All das führt zu großem Leid. All das ist eure Schuld."

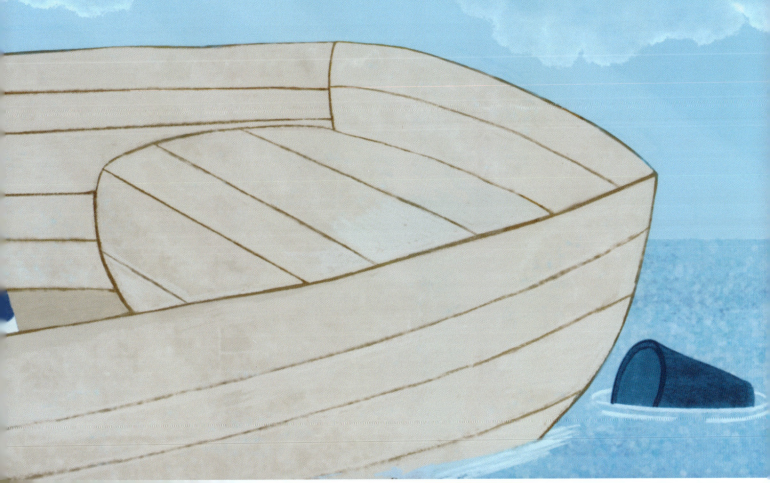

Der Junge war ergriffen. Eine Träne entwich seinem Augenwinkel und lief über seine Wange, bevor sie auf den kleinen Fisch niederfiel. Auf seinen täglichen Bootstouren, die er so gerne unternahm, sah er immer wieder kleine Müllinseln an sich vorüberziehen. Obwohl ihm das Problem bereits bewusst war, fühlte er sich doch immer zu klein, jung und machtlos, um etwas zu unternehmen. Doch wenn selbst dieser kleine Meeresbewohner die Kraft und den Mut aufbrachte, für seine Zukunft zu kämpfen, dann hatte er keine Ausrede mehr, es ihm nicht gleich zu tun. „Du hast recht", sagte der Junge, „wir Menschen sind der Auslöser all dieses Übels. Ich werde für meine Überzeugungen einstehen und allen davon erzählen. Mach es gut, kleiner Fisch."

Der Junge wusste, dass Milo nicht lange ohne Wasser überleben konnte. Er zögerte daher nicht lange und beförderte ihn schnell wieder ins Meer. Der Junge bewunderte den Mut des kleinen Fisches und war fest entschlossen, sein Wort zu halten.

Zurück im Wasser fiel Milo ein Riesenstein vom Herzen. Die Mission der Meeresbewohner für saubere und sichere Meere war noch lange nicht abgeschlossen, aber den ersten und wichtigsten Teil hatten sie alle gemeinsam erfolgreich gemeistert. Milo hatte seine Angst überwunden und wusste nun, dass er alles erreichen konnte, wenn er nur fest an sich glauben und entsprechend handeln würde.

Es ist noch ein langer Weg bis zur Rettung der Meere, aber die Hilfe jedes Einzelnen zählt – auch **DEINE HILFE**.
Erzähle deinen Freunden vom Plastikmüll in den Meeren und rede mit deinen Eltern und anderen Familienmitgliedern über dieses wichtige Thema.

So können du und deine Familie einen Beitrag leisten:

- Werft euren Müll nicht einfach auf den Boden oder in die Wiese.
- Trennt Müll und wählt Verpackungen ohne Plastik.
- Verbannt überflüssige Einwegverpackungen aus dem Alltag.
- Kauft Lebensmittel in Glas und verzichtet auf Joghurt aus Plastikbechern.
- Benützt mehrfach verwendbare Tragetaschen.
- Kauft Obst und Gemüse lose oder verwendet Einwegnetze.
- Nutzt Brotdosen, anstatt eure Snacks in Plastik zu wickeln.
- Kauft keine Getränke in Plastikflaschen und nutzt stattdessen eure eigene Mehrwegflasche, die ihr immer dabeihabt.

GEMEINSAM KÖNNEN WIR ALLES SCHAFFEN!

Printed in Poland
by Amazon Fulfillment
Poland Sp. z o.o., Wrocław

Daddy, Can We Go Fishing?

By Austin Parker

A Paisley Jane Adventure

Copyright © 2024 by Austin Parker

All rights reserved. This book or any portion thereof may not be reproduced or used in any manner whatsoever without the express written permission of the publisher except for the use of brief quotations in a book review.

Printed in the United States of America

First Printing, 2024

ISBN 979-8-877-23659-2

Written by Austin Parker
Photography by Paige Parker

Dedicated to my precious daughter, Paisley Jane.
Daddy will always be your fishing buddy.

One sunny Saturday morning, Paisley Jane woke up and wondered what she was going to do that day.

As she ate her breakfast of eggs and pancakes, she decided what she wanted to do. Between bites, she asked, "Daddy, can we go fishing?"

"Of course we can, sweetheart," her dad replied. "Meet me outside when you're done and we will go!"

Paisley quickly brushed her teeth and went out to the garage to meet her dad. She hopped into her Cozy Coupe, eagerly awaiting to go down to the lake.

When they arrived, Paisley held her daddy's hand as they walked down the bank to the water's edge.

Together, they looked out over the slick water, looking for fish activity caused by hungry bass lurking beneath the surface.

Paisley helped her daddy tie on a hook and worm while carefully avoiding the sharp tip of the hook

Together, they gave the rod a few gentle twitches, waiting until they felt the distinctive tapping that a bass gives as it inhales the lure on the other end of the line.

After giving a firm hook-set with her rod, Paisley reeled in a quality largemouth bass. Paisley felt the sandpaper-like teeth covering the lips of the bass. Her dad carefully removed the hook and released the fish to swim another day.

In a moment of excitement, Paisley's dad threw her in the air and spun her around, telling her repeatedly how proud he was of her and her amazing catch.

Paisley's dad scooped up his daughter and headed back to their house. Looking behind them, Paisley saw someone following close behind. Who could it be?

MAYBELLE!
Paisley's dog must have snuck out to come see them at the lake. Maybelle loves playing outside, too!

"Woof woof," Paisley mumbled as they continued home.

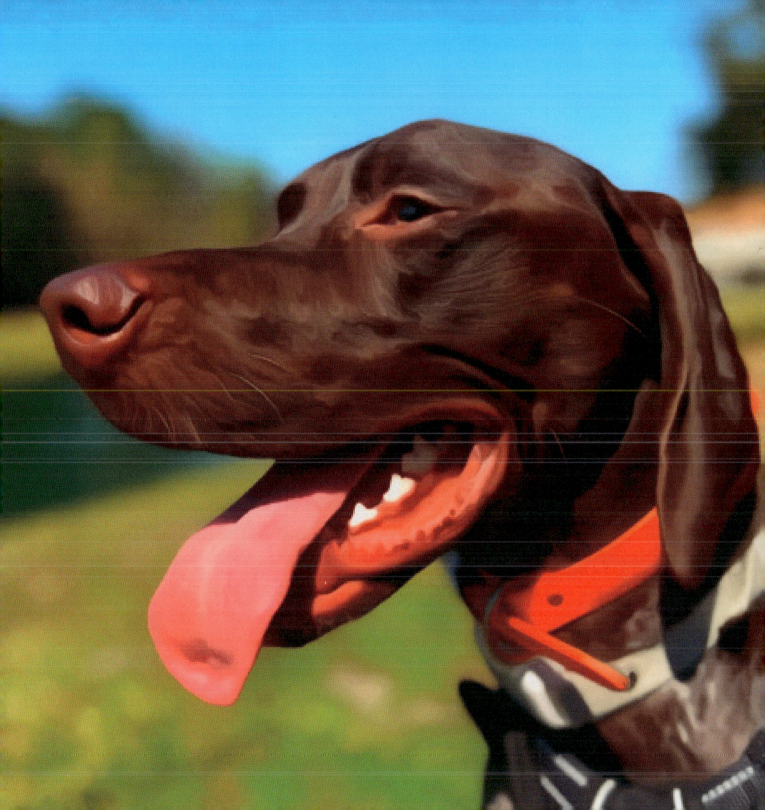

Once inside, Paisley finished off the adventure by having her dad hold her up to the stuffed fish on the wall and singing the "Mr. Bass" song that she loves so much. Paisley had the best day with her daddy!

The End

A Paisley Jane Adventure

Copyright © 2024

Printed by Amazon Italia Logistica S.r.l.
Torrazza Piemonte (TO), Italy